科学开窍了！

藏在衣食住行里的

科 学

衣

歪歪兔童书馆 编绘

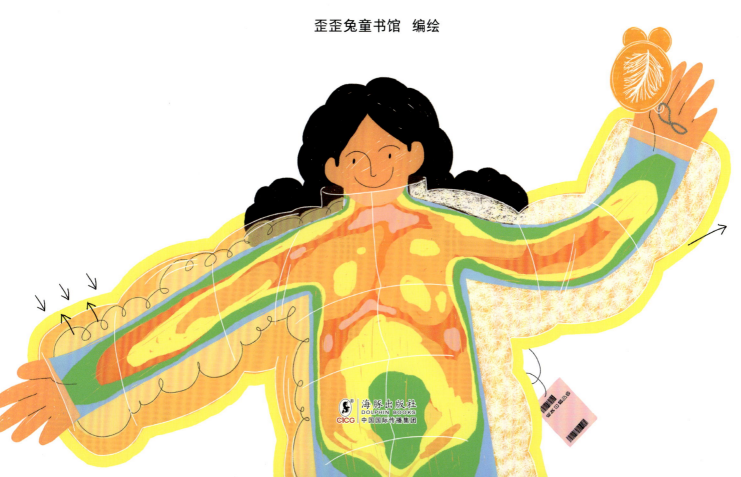

海豚出版社
DOLPHIN BOOKS
中国国际传播集团

1

目录

本书由中国纺织科学院中纺标国家纺织制品质量监督检验中心研究人员

王天博老师审定，特此致谢！

麻，是从各种麻类植物中得到的纤维。能做衣服的麻类植物有苎（zhù）麻、黄麻、亚麻等。

古人是用什么织布做衣服的呀？

古人很早是用麻来制作布料的。

苎麻

黄麻

亚麻

亚麻怎么变布料？

1 亚麻成熟后，先从麻秆上把麻皮扒下来，扎成一捆捆的。

2 把新鲜的捆麻泡在水里，湿润后撕成一缕缕的，然后继续泡软。

3 把泡软后的亚麻捻成小麻纱线，晒干绕成团。

4 麻线被送入织布工厂，统一"上浆"让它们变得柔顺。浆，就是大米做的米浆水。

5 把上好浆的麻线晾干，一根根穿入织布机织成布。

古人很早就发现麻类植物能扯出纤维。他们会用石器敲打，让麻类植物变软，然后撕扯成细长的缕，用来搓绳或编织成网。

麻纺织的技术发展很快，普通百姓一直都穿着麻制的衣服。一直到明代，棉织品才普及。

唐代名画《捣练图》就展示了麻布的制作。

宋代诗人范成大有诗：

昼出耘田夜绩麻，村庄儿女各当家。童孙未解供耕织，也傍桑阴学种瓜。

你看，那时候人们白天在田里耕种，夜晚就在家中搓麻线了。

丝绸——蚕给人类的馈赠

妈妈，快看我养的蚕，它们吐丝了。

哇哦，就是这种丝，可以织成布做衣服。

1 春天到了，蚕宝宝们正在吃嫩嫩的桑叶，它们要快快长大。

4 把蚕茧烘干，里面的蚕蛹会死去，再把蚕茧放到开水中煮，然后用筷子朝一个方向搅拌，丝头就会脱离出来。

蚕丝是由丝胶和丝素组成的，加热到90℃～100℃后，丝胶和丝素就会自然分离，这样抽起丝来更加方便。

6

2 蚕宝宝越吃越多，越长越胖。慢慢的，它们吃不动了，它们开始吐丝、结茧，把自己完全包裹起来。

3 蚕宝宝在茧里变成了蛹。拿起蚕茧轻轻摇晃，能听到里面有来回撞击的声音，表示蚕宝宝化蛹完成了。

蚕丝是怎么形成的？

蚕吃桑叶，而桑叶中含有水、蛋白质、糖类、脂肪等成分。蚕吃进桑叶以后，经过消化分解，吸收桑叶中的蛋白质和糖类，造出绢丝蛋白质。绢丝蛋白质再形成绢丝液，绢丝液被吐出后，与空气接触，就成了蚕丝。

蚕丝不同于麻纤维，它实际上是一种生物蛋白质，完全是由蚕的生命化成的。

5 把丝头挂在收拢器上，经过收拢的丝头缠绕到旁边的纺锤上，手摇纺车，带动纺锤，把丝线缠绕到一起。

6 丝线织成丝绸，就可以做成衣服了。

从绵羊身上薅下一件毛衣

有点儿冷。

穿上羊毛衣还真暖和。

那当然啦，这件毛衣可是用小绵羊的毛做成的。

从羊毛到羊毛衣

1. 把绵羊身上的毛剃下来。

2. 从羊身上剃下来的毛油油的，需要清洗干净。不过羊毛中的油脂也大有用处，能收集起来做成护肤霜。

3. 把湿答答的羊毛烘干，然后染上漂亮的颜色。

4. 用机器把一团团的羊毛梳成绳子，然后再把它们团成一个个的毛球。

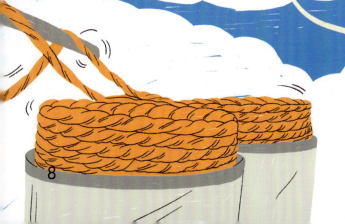

5 把毛球送进机器，纺织出细细的纱线。最后将几缕纱线编织到一起，就变成毛线，可以织毛衣啦！

羊毛都是从软乎乎的绵羊身上剃下来的。
还有一种织毛衣的材料是羊绒，是从山羊身上采集来的。

一般来说，一年可以从绵羊身上剪毛两次。
第一次剪毛在4~5月，春天剪下的羊毛，毛长，底绒多，油脂多，品质好。
第二次剪毛在9~10月，秋天剪下的羊毛，毛短，光泽好，无底绒。
还有一些绵羊在夏天也会剪一次，一年剪三次。

从棉花到衣服

① 收棉花喽。收完棉花打成包，运送到棉花厂。

② 先把棉花脱籽，清理干净，再把干净的棉絮压成片状，经过一个滚轮进行梳理，这个过程叫作"梳棉"。

③ 经过梳理的片状棉花会再次被压，变成棉条。

④ 棉条被送入纺纱车间进行牵伸和加捻，把棉条进一步拉细、拉长，像搓麻绳一样增加其强度，得到棉纱，然后把棉纱缠绕在小纺锤上。

⑤ 纱线纺锤被送入织造车间织成布。布是怎么织的呢？有专门的机器，把几十万根纱线穿过一根根的综丝（上面有小孔），平行于织布机拉直，这是经纱。用梭子带着另外的纱线，也就是纬纱，在经纱的空隙中一根根交织着穿进去，然后打紧，就织出来棉布了。

⑥ 为了做出各种颜色的衣服，还要染色。可以先把棉纱染色，再织布，也可以先织成布匹，再染色。

棉花不是花

　　我们说的棉花不是花朵，棉花开出的花朵是乳白色或者粉红色的，和寻常的花朵一样。

　　棉花开花后长出果实，也就是棉铃。棉铃成熟后裂开，能看到棉籽上的白色纤维，这才是我们说的棉花。

　　所以，棉花不是花，是果实的一部分，属于果实里的纤维。这些纤维可以纺成线，织成布，做成衣服。

你知道吗？石油也能做成衣服……

啊？这怎么可能？

1 有一天，人们把石油从深埋的地下挖了出来。

2 石油来到了炼油厂，被放进一些巨大的铁塔和金属容器罐里面。经过一些复杂的化学反应，变成了一种带有芳香气味的无色透明液体。

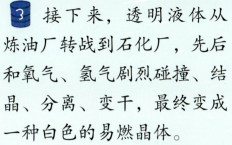 **3** 接下来，透明液体从炼油厂转战到石化厂，先后和氧气、氢气剧烈碰撞、结晶、分离、变干，最终变成一种白色的易燃晶体。

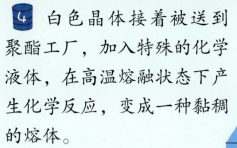 **4** 白色晶体接着被送到聚酯工厂，加入特殊的化学液体，在高温熔融状态下产生化学反应，变成一种黏稠的熔体。

5 熔体在熔融状态下通过管道输送，进入化纤工厂进行纺丝，绕成一卷一卷的。

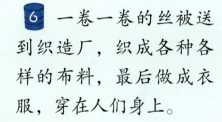 **6** 一卷一卷的丝被送到织造厂，织成各种各样的布料，最后做成衣服，穿在人们身上。

棉质衣服穿起来舒适透气，适合贴身穿。

石油副产品制成的纤维是化学纤维，比如聚酯纤维。聚酯纤维制成的衣服不容易皱，吸湿性较差，穿着闷热，不适合贴身穿。但是它防水、耐磨，还能保温，所以很适合被做成冲锋衣一类的外套。

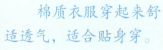

13

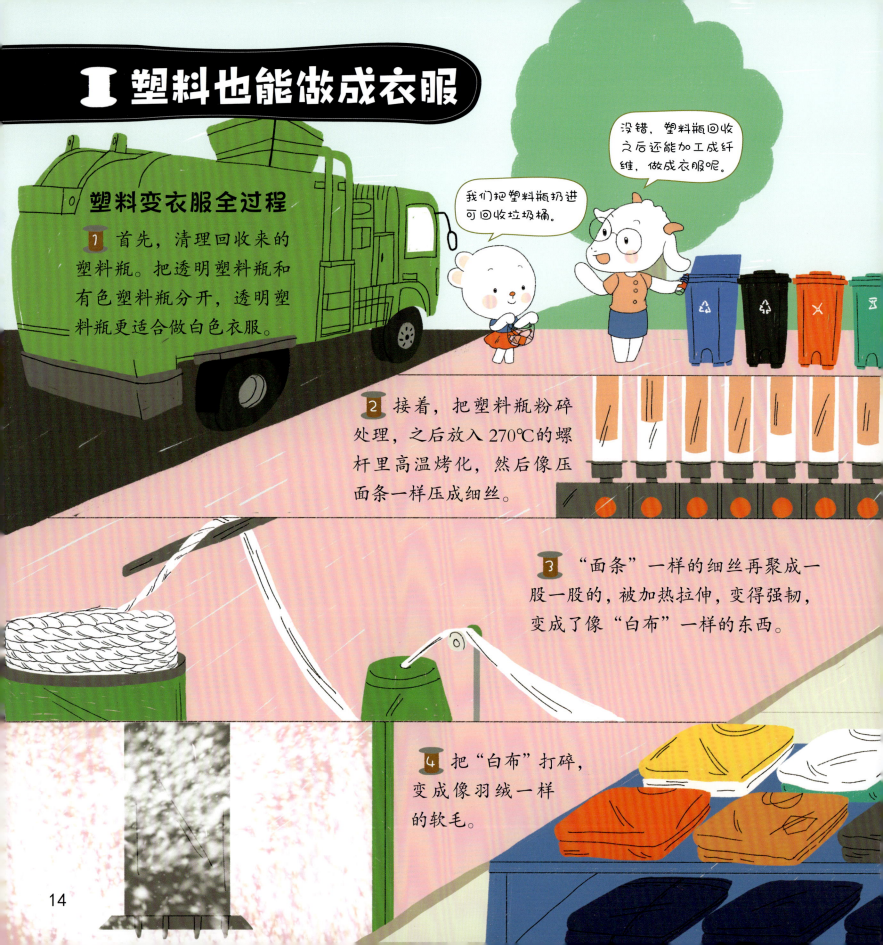

塑料也能做成衣服

塑料变衣服全过程

1 首先，清理回收来的塑料瓶。把透明塑料瓶和有色塑料瓶分开，透明塑料瓶更适合做白色衣服。

2 接着，把塑料瓶粉碎处理，之后放入270℃的螺杆里高温烤化，然后像压面条一样压成细丝。

3 "面条"一样的细丝再聚成一股一股的，被加热拉伸，变得强韧，变成了像"白布"一样的东西。

4 把"白布"打碎，变成像羽绒一样的软毛。

我们把塑料瓶扔进可回收垃圾桶。

没错，塑料瓶回收之后还能加工成纤维，做成衣服呢。

5 最后，把"塑料软毛"送到织布厂，经过梳棉、纺织等步骤，织成一块块可用的聚酯纤维布，就能做衣服了。

衣服是纤维制成的，纤维有天然纤维和化学纤维。

天然纤维是从植物、人工饲养的动物上直接取得的纺织纤维。比如棉、麻、毛、丝。

化学纤维是由天然的或人工合成的高分子物质为原料制成的纤维。比如，聚酯纤维（俗称"涤纶"）、聚酰胺纤维（俗称"尼龙"）等都是合成化学纤维。

每种纤维的特点不同，适合做成不同的衣服。你能说说它们都适合做成什么衣服吗？

漂亮的扎染

这是扎染，是一种传统而独特的染色工艺，咱们要不要试试？

哇，好漂亮的布！

教你做传统扎染

1 把棉布料放入凉水里浸湿。这样可以让颜色渗透得更好。

2 扎，是扎染关键的一步。先设计花纹，然后用针线把布缝起来，或者用线缠着扎起来，扎得越密越结实，颜色就进得越少，留白就越多。

3 把扎好的"布疙瘩"先用清水浸泡一下，然后放入染缸里。
直接浸泡，叫"冷染"，加热煮着布料来染色，叫"热染"。

4 冷染或热染一段时间后，把"布疙瘩"捞出来晾干，然后再放入染缸浸染。就这样反复浸染，每浸一次，颜色就更深一层。

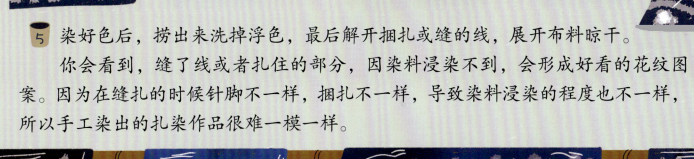

 染好色后，捞出来洗掉浮色，最后解开捆扎或缝的线，展开布料晾干。

你会看到，缝了线或者扎住的部分，因染料浸染不到，会形成好看的花纹图案。因为在缝扎的时候针脚不一样，捆扎不一样，导致染料浸染的程度也不一样，所以手工染出的扎染作品很难一模一样。

扎染用的染料是什么？

扎染染料一般是用板蓝根、蓼（liǎo）蓝等纯天然的植物制成的。特别是板蓝根，很常用。板蓝根中含有一种蓝靛溶液，是染料中的重要成分。

人们在三四月份的时候收割板蓝根，把它浸泡在准备好的染缸中，然后加入一些工业碱或者石灰，把板蓝根里面的蓝靛溶液浸泡出来，就可以用来染布了。

从橡胶树到雨靴

我要踩水坑玩儿。

那得穿上防水的橡胶雨靴呀。

橡胶树是"会哭泣的树"

一双雨靴要从一棵树说起

1 在热带雨林里长着一种特别高大的树，叫橡胶树。

2 橡胶树里没有现成的橡胶，但只要小心切开橡胶树的树皮，就会缓缓流出乳白色的胶汁，这些胶汁可以制成橡胶。

3 从树上收集来的乳胶，去除杂质后，被倒入一个方形的槽里。加入一定比例的甲酸，不停搅拌，直到液体变得黏稠，渐渐凝固。

4 把黏糊糊像面团一样的凝固乳胶放入机器里反复滚压，直到把水分全部压出来。

5 洗去橡胶上的甲酸，把它们晾干。

18

6 把橡胶压成一包包的,运到工厂,就可以做成各种各样的用品了。

给橡胶染上漂亮的颜色,可以制作成漂亮的雨靴。

找找看,家里有什么橡胶制成的用品?

自行车轮胎

妈妈洗碗时用的橡胶手套

从橡胶树、橡胶草等植物中提取胶质加工制成的橡胶是天然橡胶。

还有一种合成橡胶,则是由化学方法合成的,所用原料是石油、天然气、煤等。

杯盖上的密封圈

19

小·鞋钉里的大摩擦力

这是我昨天新买的鞋，好看吧？一会儿我要穿着它踢足球。

踢足球最好穿足球鞋哟。足球鞋底的鞋钉能够控制与草地的摩擦力，跑起来更快！

跑着好累呀……

1 摩擦力是物体之间相互摩擦产生的力。

你把一辆玩具小车"嗖"地推出去，它往前跑了一段就停下来了，这是因为车轮和地面之间有摩擦力。

踢球时，足球鞋底和草地接触会产生摩擦力，运动员想跑就跑，想停就停，灵活多了。

摩擦力过大。

2 物体表面越粗糙，产生的摩擦力越大；物体表面越光滑，产生的摩擦力越小。

在足球场上，摩擦力太大了跑不快，摩擦力小了容易滑倒。所以，要靠专业的足球鞋来控制摩擦力。

稳定发挥！

我停！

摩擦力正好。

这就是摩擦力，足球运动员停下来有它一份功劳！

⚽ 不同的鞋钉适合不同的地面。

运动员的服饰都是根据某项运动的特点而设计的。小小的鞋钉里就有大学问，场地不同，鞋钉也会不同！

短钉足球鞋：适合优质人造草坪。

长钉足球鞋：简直是为天然草坪量身设计！

钢钉足球鞋：下过雨后的软乎乎的地面最适合这种鞋！

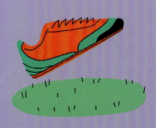

平底足球鞋：没有明显凸出来的鞋钉，适合室内场地。

碎钉足球鞋：适合各类场地，对关节压力最小。

3 能消除摩擦力吗？不能！没有摩擦力，一个运动中的人就永远停不下来了！

哎呦！

冰面非常光滑，所以冰面上的摩擦力非常小。

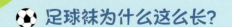

⚽ 足球袜为什么这么长？

踢球时跑步速度很快，小腿难免被别人踢到或者摔倒时蹭伤，一双长长的足球袜会尽可能地保护小腿皮肤不受伤害。足球袜还能更好地固定小腿肌肉群，发力更舒服。

冰鞋的奥秘

为什么滑冰鞋上有冰刀？

穿着冰鞋站在冰上时，滑冰人的压力被集中在冰刀很小的面积上，压强会很大，也就是说压力的作用效果很明显。

如果穿着普通的鞋，鞋底面积大，压力会分布在更大的面积上，这样产生的压强自然要小一些。

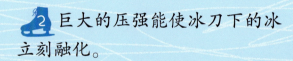

巨大的压强能使冰刀下的冰立刻融化。

当冰鞋处在运动中时，冰刀不会和固体的冰形成摩擦，而是直接在水上滑行，自然就快很多。

4 继续往前滑，当冰刀离开融化的地方后，因为温度低，融化的水又会马上冻结起来。

不同的冰上运动，要穿不同的冰鞋。

大跑道速滑冰鞋的冰刀，蹬冰面积大但摩擦力小，可降低身体重心，减少空气阻力。

短跑道速滑冰鞋的冰刀，与冰面接触面积小，便于弯道处滑弧线前进。而且整个刀体位置偏向左侧，这是为了在弯道处冰刀倾斜度很大时，冰鞋不会接触到冰面。

花样滑冰冰鞋的冰刀，前端有几个冰齿，可以帮助运动员更好地旋转跳跃，而且增加了与冰面的摩擦力，便于停稳。

在冰球比赛中，守门员与其他运动员的冰鞋有区别。守门员冰鞋的四周包有特殊加厚的硬皮革，冰刀为全金属制作，刀身矮而平，刀刃与刀托有多处连接，以防漏球。

大跑道速滑冰鞋

短跑道速滑冰鞋

花样滑冰冰鞋

冰球鞋

头盔——保护你的头部

来，戴上头盔再出发！

爸爸，骑车去喽！

 头盔是保护头部的装备，你在玩轮滑、滑板、骑车等有风险的运动项目时，一定要戴上头盔。

 头盔主要是由外壳、内部缓冲材料及调节、固定装置组成。

头盔外部光滑坚硬的外壳可以减轻并分散部分冲击力，它的主要材料为 ABS 塑料、玻璃纤维、碳纤维等。头盔内部的泡沫缓冲层会吸收另一部分冲击力。

外壳

内部缓冲材料

扣环和帽带组成固定系统，让头盔能正好待在你的头上，处于最佳防护状态。

调节，固定装置

头盔的前世今生

原始人在追捕野兽或者打斗的时候，会用椰子壳、大乌龟壳之类的硬壳来保护头部。

后来，人们又发明了金属头盔，金属头盔多用在战场上。中国考古出土的 3000 多年前的商朝青铜盔，可以说是世界上最早的金属头盔了。

据说，现代头盔的灵感来自啄木鸟。

啄木鸟每天不停地用坚硬的喙在树干上啄击，这种啄击会让头部产生强烈的振动。神奇的是，这种振动丝毫损伤不了啄木鸟的头部。

科学家们发现，因为啄木鸟的头盖骨和大脑之间有极窄的缝隙和少量的液体，所以振动产生的力到达大脑时就减弱了很多。科学家据此发明了现代头盔。

⊙ 海上救生衣

等会儿，先穿上救生衣。

走喽，划船去。

① 这是泡沫式救生衣。掂一掂，好轻啊！
这个救生衣里面填充了泡沫板，穿在身上浮力很大，让掉下水的人能把头伸出水面。

② 这是充气式救生衣，在里面压入二氧化碳气体，能产生浮力。

③ 充气式救生衣分为自动充气救生衣和手动充气救生衣。

危急时刻，自动充气救生衣在水的作用下自动膨胀充气，把落水的人向上托起。

哎呀！掉水里啦！

如果穿的是手动充气救生衣，得赶紧拉充气阀上的拉锁，手动充气。飞机上的救生衣一般都是手动充气救生衣。

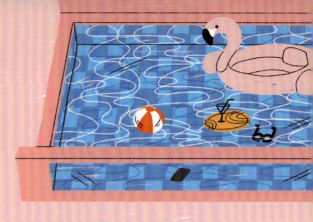

浮力的奥秘

我们把一个东西放到液体中时，它会受到一个向上的力的作用，这个力就是浮力。

物体还会受到一个向下的力的作用——重力。重力是由于地球吸引力而使物体受到的力。

当浮力大于重力，物体在液体中上浮；当物体漂浮在液体表面时，浮力等于重力；当浮力小于重力，物体会在液体中下沉。

救命！

④ 穿充气式救生衣，一定不要让尖的东西戳它磨它，一旦戳破或磨破了，救生衣就会漏气，就救不了命了。在使用之前要仔细检查救生衣上是否有漏气的地方、身上是否有尖锐的物品等。

别怕，我们救你来啦！

⑤ 救生衣一般都是橙色的。因为鲜艳的橙色在蓝色海水中非常显眼，容易被救援的人看见。

有人看到我吗？

妈妈，我要穿着
我的裙子去游泳。

这恐怕不行，
游泳要穿泳衣。

游泳请穿泳衣

1 如果穿着普通衣服去游泳，你会游不动的！
普通的衣服不贴身，特别容易吸水。吸饱了
水的衣服会沉甸甸的，还会缠在身上，拖着它们
怎么游得动？

2 泳衣的面料不同于一般衣服的面料。
泳衣一般用杜邦莱卡、棉纶或者涤纶面料做成。
这些面料弹性很大，穿上很贴身，不容易脱落。面
料光滑，不吸水，能减小水的阻力，让你游得更快。

3 游泳时最好戴上泳帽。在水中，头发
的阻力较大。和泳衣一样，戴上泳帽可以
帮助减少阻力。

游泳黑科技——鲨鱼皮泳衣

　　鲨鱼皮泳衣可不是用真的鲨鱼皮做的，而是一种模仿鲨鱼皮肤制成的高科技泳衣。

　　研究人员发现，鲨鱼的皮肤并不是光滑的，而是由许多鳞片构成一种类似V型的结构，这种结构可以大大减小水流的摩擦力，让身体周围的水流更快速通过，因而游泳速度也会快很多。

　　鲨鱼皮泳衣的纤维表面完全仿造鲨鱼的皮肤表面，能大大减小水的阻力。而且，在接缝处还模仿人类的肌腱，为运动员划水提供助力。

　　穿上鲨鱼皮泳衣的运动员的确能提高成绩，但这种泳衣非常昂贵，并不是所有运动员都买得起。为了公平，国际游泳比赛中禁止运动员穿鲨鱼皮泳衣。

防晒的奥秘

哎呀！太阳好晒呀。

快穿上防晒衣吧。

短波紫外线（UVC）（100～280nm）

中波紫外线（UVB）（280～320nm）

长波紫外线（UVA）（320～400nm）

1 太阳光中有一种光波叫紫外线（UV），这个区域的光量子能量高，对人的身体会造成伤害。

防晒主要就是防太阳光中的紫外线部分。

2 紫外线有三种：短波紫外线（UVC）、中波紫外线（UVB）和长波紫外线（UVA）。其中最厉害的短波紫外线在通过大气臭氧层时会被挡住，只有长波紫外线和中波紫外线可以到达地球表面。

长波紫外线穿透力强，可以穿透人体皮肤的表层，到达真皮层，导致皮肤老化、受伤……

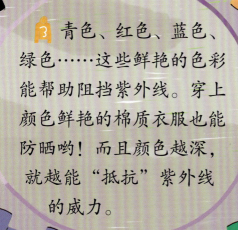

3 青色、红色、蓝色、绿色……这些鲜艳的色彩能帮助阻挡紫外线。穿上颜色鲜艳的棉质衣服也能防晒哟！而且颜色越深，就越能"抵抗"紫外线的威力。

4 大部分防晒衣是在布料中加入防晒助剂，就好像是给衣服抹了一层防晒霜。防晒助剂可以增加衣服表面对紫外线的反射和散射作用，防止紫外线透过纺织品损害人体皮肤。

防晒小贴士

☂ 在太阳光不那么强烈的时候出去。夏天中午，紫外线照射强，不建议出门。

☂ 穿戴好防晒衣、太阳镜、遮阳帽，或者撑把有黑色防晒保护层的太阳伞。

☂ 抹防晒霜。如果出门的时间长，记得每隔两三个小时涂抹一次防晒霜。

干洗真的不用水吗?

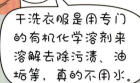

干洗衣服……不用水,怎么把衣服洗干净?

干洗衣服是用专门的有机化学溶剂来溶解去除污渍、油垢等,真的不用水。

1 据说很久以前,有人一不小心将石油溅到一块很脏的布料上。后来,石油挥发了,还把布上面脏脏的东西也"带走"了。

浸泡

2 人们发现除了石油,其他例如松节油、煤油等都可以去除污渍。于是,研究人员用这些"油"制成洗涤溶剂来洗衣服。但是有些溶剂容易着火,不安全。人们又开发出一种叫"四氯乙烯"的溶剂,不容易烧着。

3 干洗衣物分四步：用化学溶剂浸泡，洗涤，烘干，处理衣物上残留的化学溶剂。

刚干洗完的衣服，干洗剂还没有彻底挥发，会有少量残留，吸入了对身体不好，要在通风的地方晾晒一段时间。

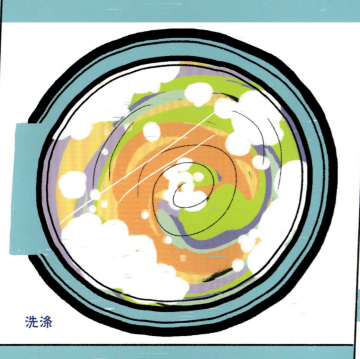

洗涤

烘干

为什么要干洗衣服呢？

有些天然纤维做的衣服，比如羊毛衣、丝绸等，用水洗之后很容易缩水、变形，但是干洗就可以处理得很好。

水洗有时候洗不干净一些顽固的油渍。干洗时，化学溶剂会渗透、溶解和稀释油渍，把衣服洗得干干净净。

处理衣物上残留的化学溶剂

33

 把衣服烫平

妈妈，你在干什么？

我要用这个特别烫的熨斗，把衣服烫平整。

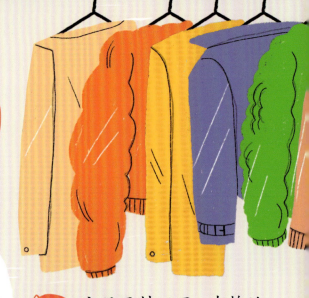

2　衣服面料不同，有棉的、麻的、丝的、毛的、化纤的……软化这些纤维需要的温度不一样，所以熨烫衣服时要调整温度，一般熨斗上会有按钮可以选择。

比如，棉质的衣服能耐高温，化纤的衣物就没那么耐高温。

1　这是一个电熨斗。通上电的熨斗温度会特别高，特别烫，高温能软化衣服的纤维，同时熨斗会施加压力来"重塑"纤维，让衣服恢复平整。

3　熨斗的蒸汽或者金属熨板的温度会高达 100℃～200℃。你一定不要碰！

熨斗的前世今生

　　古人把烧红的木炭放进一个像小平底锅一样的容器里，等底部烧得发烫的时候，用它来熨衣服，这就是最早的熨斗。这个小平底锅大多是青铜铸造的。但是，炭火在燃烧的过程中，无法控制温度。

　　后来，一个叫亨利·西里的美国人发明了用电加热的熨斗。

　　现在，电熨斗的样式越来越多了，比如有喷雾型的蒸汽挂烫机，用起来更方便了。

科技改变了生活。

衣服静电

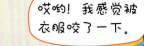

哎哟！我感觉被衣服咬了一下。

哈哈，这是衣服产生了静电，你被电了。

衣服上的静电是怎么产生的？

1. 从微观世界的角度看，衣服是一种物质。物质由分子组成，分子又由原子组成，原子由带正电的原子核和带负电的电子组成。

电子
原子核

2. 一般情况下，电子围绕着原子核一圈圈地飞翔。原子核的正电荷与电子的负电荷相等，正负平衡，就不显电性。

3. 当两个不同的物体相互接触并摩擦时，电子会受外力而脱离轨道。比如，物体 A 的部分电子转移到物体 B 上，物体 A 缺少了部分带负电的电子，正电就比负电多了，物体 A 这时候就带正电了。物体 B 因为得到了物体 A 的一些电子，负电就多了，于是带负电了。

④ 这些电荷没办法及时退散，静止不流动了，就是静电。如果电荷能及时被导走，"静电现象"就消失了。

⑤ 在干燥的环境中，静电不容易传导到空气中。所以，在干燥的秋冬季节，静电现象更加明显。

怎么去除静电？

🧷 用能导电的材料，比如导电塑料或金属材料，扫一扫，能把静电导走。防静电刷就是利用这个原理做成的。

🧷 可以用喷雾瓶在衣服上喷点儿水，环境湿润容易将静电导走。在衣服或者身上抹上润肤乳除静电也是这个原理。

🧷 可以用金属衣架在衣服上来回刮，利用金属导电的原理把静电导走。

🦆 羽绒服真暖和

鸭子身上的羽绒很保暖的。瞧，你身上正穿着带羽绒的衣服呢。

妈妈，小鸭子一点儿也不怕冷。

1 冬天的室外气温低，贴近身体的那层空气因为接收了身体的热量，密度会变轻，上升——没错，气体受热会变轻上升，热气球升空就是这个原理。

因为空气对流，贴身空出的位置会被外面的冷空气及时补充，所以你会感觉好冷呀！

2 要想衣服保暖，就需要衣服的纤维能固定大量静止的空气，减少空气冷热对流。

3 羽绒是一种动物纤维，有着特殊的结构——球状纤维结构。

每一根绒丝都是由许多鳞片叠加而成，每个鳞片又都是中空的，这些微小的孔隙中可以固定大量静止的空气。

4 穿上羽绒服，羽绒便可以吸收人体热量，形成一个空气隔热层。隔热层固定的空气越多，就越暖和。

羽绒服外层面料又能够隔绝外层冷空气，减少羽绒的空气层和外界空气之间的对流交换。

充绒量：280g
绒子含量：90%
蓬松度：850

什么样的羽绒服最暖和？

绒子含量越高的羽绒服越暖和。如果一件羽绒服的绒子含量是90%，说明起到关键保暖作用的绒子占填充物的90%，剩下的10%是羽毛和单根绒丝。

羽绒越蓬松，能积蓄的空气越多，也就越暖和。鹅绒比鸭绒更蓬松，所以更保暖。

羽绒服外面料要防水、防风、防皱、不透气。外层面料对冷空气的隔绝能力越强，越暖和。

39

☁ 衣服穿多不如穿对

我穿了这么多衣服，T恤衫、衬衫、背心、风衣……怎么还冷呀！

要想暖和，衣服不一定要穿很多，而是要穿对。

1 户外活动保暖很重要。怎么穿衣保暖呢？

穿上速干衣。棉质的衣服虽然很吸汗，但不容易干。速干衣的面料不容易吸水，能促进水分蒸发，所以干得快。

出发前把保暖衣物放在随身携带的包里，根据气温随时增减衣物。

如果遇上寒冷大风的天气，保暖的帽子、手套、围脖、防风衣、厚袜子、口罩等都要穿戴好，不要把身体暴露在寒风中。

2 保暖是为了预防"失温"。

气温低的时候，人体热量会流失，如果不能及时补充热量，会造成人体核心区温度降低，这就是"失温"。失温初期会觉得很冷，手脚不自主地抖动，中期会出现意识不清，后期可能造成昏迷、心脏骤停……

3 温度、湿度、风力是导致失温最常见的原因。在野外活动，碰到降温、降雨、大风的天气，一定要避免失温。

4 要避免过度出汗和疲劳，不要让体能透支，要防止脱水。备好食物和热饮，随时补充热量。

人在冷的时候为什么会不停地哆嗦？

身体在遇到冷空气的时候，大脑会收到信号，让肌肉发生快速收缩运动，产生热量保护我们的身体。

冷风一吹，为啥皮肤会起鸡皮疙瘩？

人体散热的主要部位是毛孔。我们感觉到冷的时候，大脑会让我们的皮肤长出鸡皮疙瘩封闭毛孔，防止热量散发，保护我们的身体。

41

医生的防护服

医生为什么把自己从头到脚裹得严严实实的？

传染病毒很狡猾，它们无孔不入，医生们穿上防护服来隔绝病毒。

穿上防护服可真不容易。

先认认真真洗个手。

①

戴上隔离帽。

②

戴上医用口罩。

③

检查防护服有没有破损，没有破损再穿上。
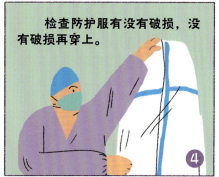
④

从下往上穿。
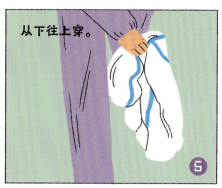
⑤

整理头部。

⑥

戴上护目镜，压好。

⑦

先戴第一层乳胶手套，然后把衣袖拽下来。

⑧

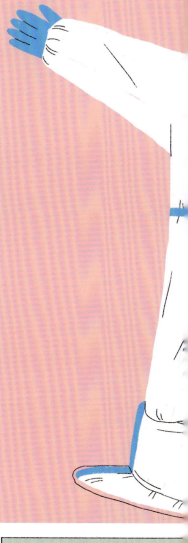

戴第二层乳胶手套的时候压住衣袖。
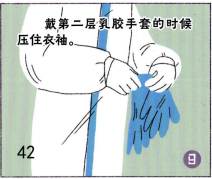
⑨

穿长筒胶鞋或者一次性防护鞋套。如果穿长筒的胶鞋，要把防护服裤脚露在胶鞋外面，如果穿一次性防护鞋套，要把防护服的裤脚扎到鞋套里面。
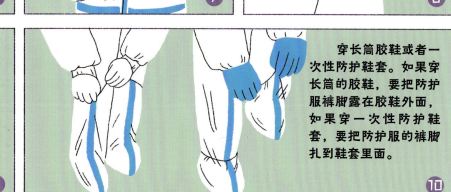
⑩

和伙伴互相检查一遍，在护服上写上名字，让人好辨认。
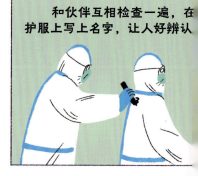

42

他们穿的是防护服，是为了隔离病毒，保护自己。

脱掉防护服也要小心翼翼。

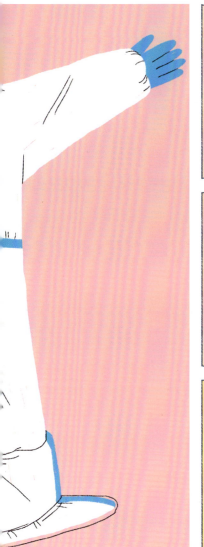

消毒手部。

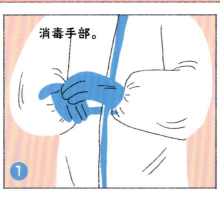

①

在污染区喷酒精。

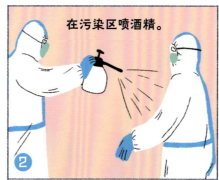

②

全身消毒。

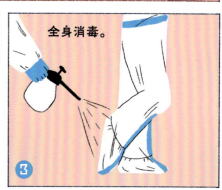

③

摘下护目镜。

④

脱掉防护服和外层手套、靴套。

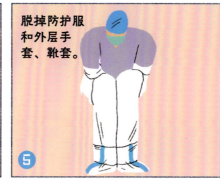

⑤

脱下内层手套。

⑥

摘下口罩。

⑦

摘下帽子。

⑧

每做一项操作都要消毒手部。

⑨

　　医用防护服不像普通的衣服一样可以反复穿，穿一次就需要销毁掉。而且，也不能乱扔，要放在专门的医疗废物处理箱中集中处理。

防弹衣

1 防弹衣，听名字就知道是用来防护弹头或弹片对人体的伤害。

2 防弹衣主要由衣套和防弹层两个部分组成。

衣套和普通衣服没什么大的区别，是用一般的纺织布料做成的。

防弹层则是用金属、陶瓷片、玻璃钢、超高分子量聚乙烯纤维等材料制成，而且设计成特殊的防护结构。

3 防弹衣之所以"防弹"，是因为防弹层可以消耗、吸收弹头或弹片射击过来的力，减轻子弹对人体的伤害。

警察叔叔穿着防弹衣。

防弹衣根据结构材料的不同，一般分成三种。

💊 **硬体防弹衣。** 主要用钢材、特质的铝合金、特殊陶瓷等当作防弹材料。

在受到高速移动的子弹冲击的瞬间，子弹和硬质材料同时出现龟裂，这时候大部分的子弹能量会被消耗掉。

💊 **软体防弹衣。** 主要用一种高强度合成芳纶纤维材料做成，很轻很柔软。

当子弹碰到衣服表面的瞬间，衣服上的材料受到子弹冲击后发生弹性形变，把子弹的能量向各个方向分散开，降低速度后的子弹最终被纤维网拦截下来。

哇！防弹衣怎么防弹呀？

💊 硬体防弹衣防弹效果好，但非常重，而且碎片可能会造成二次伤害。软体防弹衣很轻很软，但效果不如硬体防弹衣。所以就有了**软硬复合式防弹衣**。最外边用硬质防弹材料制成，里面用软质防弹材料制成。

消防员的防火服

一定是接到了火警报警，他们要和时间赛跑。消防员最快十几秒就能穿好防火服。

看，消防员叔叔在穿防火服，他们动作好快呀。

为什么防火服不怕火？

1. 消防员的防火服由多层面料组成，由外到内分别是外层、防水层、隔热层、舒适内衬。

2. 防火服的外层面料主要由高性能纤维材料制成，能防火，还很耐磨。面料里还会加入金属铝涂层，在火场中，这层薄薄的金属涂料可以把大部分热辐射反射出去。

3. 防水层的材料是一种性能优良的塑料，不怕水泡，还能受得了零下 269.3℃ 的极端低温和 250℃ 的高温，也不怕强酸浓碱。

4. 防火服里面的隔热层通常用阻燃纤维制成。这是一种合成纤维，能耐高温，还能阻断火的燃烧。

5. 既防火耐热、防水通气，又能抵御酸碱等化学物质的腐蚀，防火服是消防员安全的有力保障。

消防员在执行不同的任务时穿的衣服不一样。

如果要去火灾现场，就穿黑色或藏蓝色带荧光条的消防服。荧光条配上深色的衣服更容易被火场里的受困人员发现。

橙黄色的消防服是抢险救援服，主要是日常抢险救灾时使用。

橄榄绿色的消防员衣服则是消防员平时训练的穿着。

航天员的航天服

外太空没有氧气，航天员们是怎么呼吸的呢？

虽然外层空间没有氧气，但是穿上航天服他们就不怕啦！

真实的外太空

① 太空的平均温度在零下 270.3℃，冷得你无法想象。太空中存在有很强辐射的宇宙射线。太空中没有氧气供人类呼吸使用，是一个高真空的环境。太空中有很多高速运动的尘埃微流星体和流星体，它们的体积可能非常小，但具有伤害性。

② 航天服就是用来防护外太空的各种危险，保护航天员的。

航天服分为舱内用应急航天服和舱外用航天服。

面窗：透过面窗看宇宙。

头盔：保护头部免受伤害。

背包：里面有氧气瓶、净化装置、排热装置、液路系统等。

照明灯：让航天员能看清眼前的东西。

气阀控制台：集成了供氧、液温调节等多个阀门。

电控台：包括照明、数码管控等开关。

电脐带：与轨道舱内设备连接，用于航天员的通讯，也可作为安全系绳的备份。

气液组合插座：用轨道舱里的气源为航天员供气。

安全系绳：有2根，与轨道舱外的把手相连，里面有弹簧，可以承受1000千克的重量哟！

这是一件航天员出舱服。

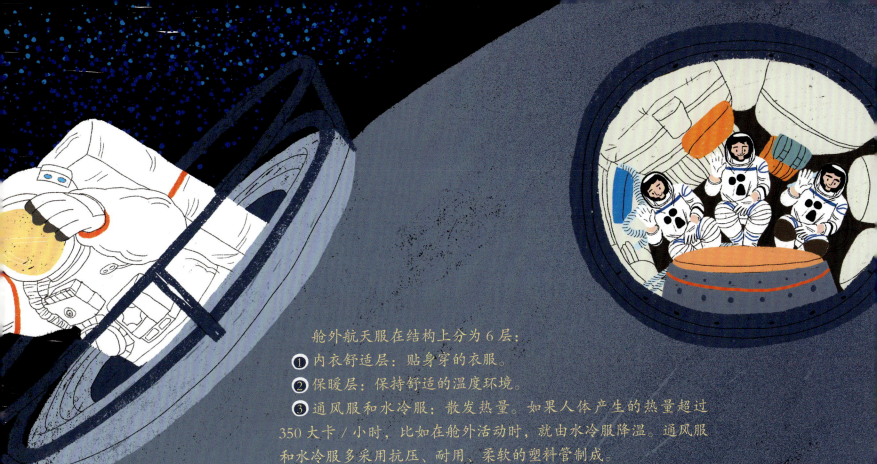

舱外航天服在结构上分为6层：

① 内衣舒适层：贴身穿的衣服。

② 保暖层：保持舒适的温度环境。

③ 通风服和水冷服：散发热量。如果人体产生的热量超过350大卡／小时，比如在舱外活动时，就由水冷服降温。通风服和水冷服多采用抗压、耐用、柔软的塑料管制成。

④ 气密限制层：在真空环境中，保持航天员身体周围有一定的压力。

⑤ 隔热层：也叫真空隔热层。航天员在舱外活动时，隔热层起过热或过冷保护作用。它有良好的隔热和防辐射作用。

⑥ 外罩防护层：最外一层，要求防热辐射和防宇宙空间各种微流星、宇宙射线等对人体的危害。

打开航天服的"后门"。

嘿，我进去了。

潜水服

1 潜水服是潜水员在潜水时穿的特殊衣服。

潜水服可以保护身体不被礁石割伤。

潜水服能防止被水母、海葵等生物伤害。

潜水服还能防止潜水时体温散失过快，造成失温。

湿式潜水服

人类真厉害，能飞向外太空，也能下到深海中。

"上天"穿航天服，"入海"穿潜水服。

2 不同的情况下穿不同的潜水服。

水温在 10℃ ~ 25℃时可以穿湿式潜水服。这种潜水服由发泡橡胶或尼龙布制成，需要贴身穿着。会有少量水进入潜水服与皮肤之间，水静止不流动，能形成保温层来保持体温。

如果去寒冷地带潜水，水温低于10℃时，则需要穿干式潜水服。干式潜水服可以让身体和水完全隔绝，冷的话还可以在里面加毛衣。人们得接受特殊的训练才能穿干式潜水服潜水。

干式潜水服

3 有时候，潜水员会在背上绑一个气瓶。气瓶通过调压阀连接3根管子：一根管子连着二级调压阀，通到潜水员的嘴里，可咬着在水下呼吸；一根管子连着压力表，让潜水员能看到瓶子里还有多少气；一根连着潜水服，可以往潜水服里面充气。

更炫酷的潜水服

人类研发出了更高科技的潜水服——Exosuit潜水服，被称为"水下钢铁侠"。穿上它就如同穿上了一件"潜水艇"。它有自己的推进器，水下的换气系统可以提供给潜水员使用50小时，让潜水员最深可以潜到水下好几百米，并且可以通过和水面船只连接的光缆传输音频、视频和数据。它被用于科研和水下考古工作。

Exosuit 潜水服

想试试在水下飞的感觉吗？可以试试这款"海洋之翼"潜水服。

这件水下翼装，在潜水服的基础上，借鉴了翼装飞行服的设计，潜水者可以在水下以滑翔的姿态"飞行"，虽然速度比在空中飞行慢得多，但也是一种新奇的体验。

"海洋之翼" 潜水服

51

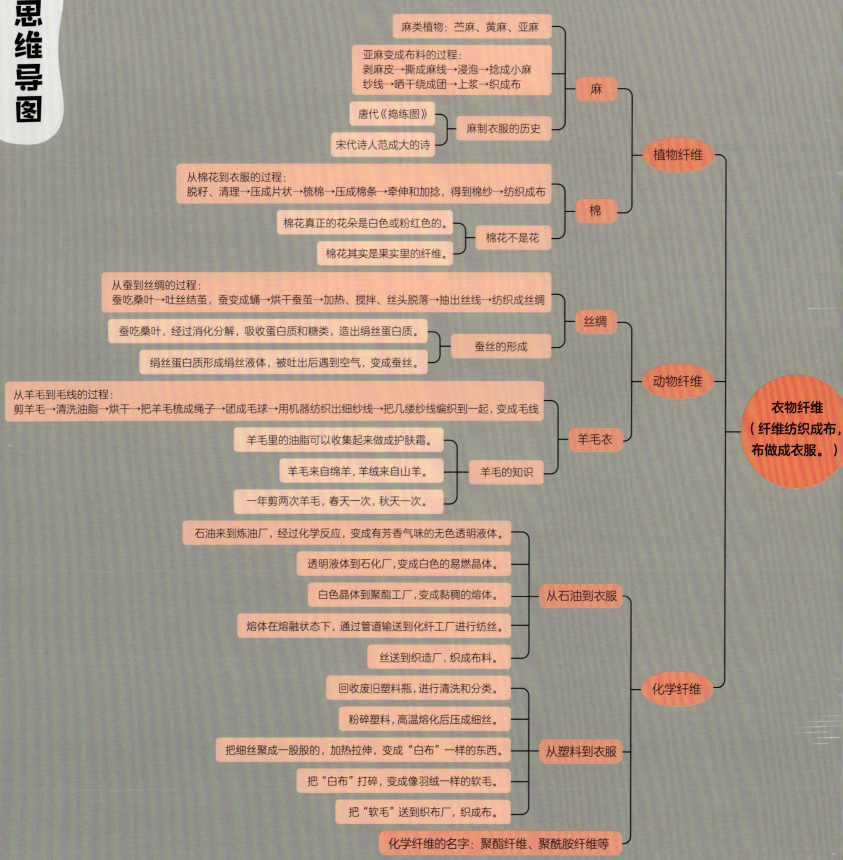

思维导图

麻类植物：苎麻、黄麻、亚麻

亚麻变成布料的过程：
剥麻皮→撕成麻线→浸泡→捻成小麻纱线→晒干绕成团→上浆→织成布

唐代《捣练图》
宋代诗人范成大的诗 ── 麻制衣服的历史

麻

从棉花到衣服的过程：
脱籽、清理→压成片状→梳棉→压成棉条→牵伸和加捻，得到棉纱→纺织成布

棉花真正的花朵是白色或粉红色的。
棉花其实是果实里的纤维。 ── 棉花不是花

棉

植物纤维

从蚕到丝绸的过程：
蚕吃桑叶→吐丝结茧，蚕变成蛹→烘干蚕茧→加热、搅拌、丝头脱落→抽出丝线→纺织成丝绸

蚕吃桑叶，经过消化分解，吸收蛋白质和糖类，造出绢丝蛋白质。
绢丝蛋白质形成绢丝液体，被吐出后遇到空气，变成蚕丝。 ── 蚕丝的形成

丝绸

从羊毛到毛线的过程：
剪羊毛→清洗油脂→烘干→把羊毛梳成绳子→团成毛球→用机器纺织出细纱线→把几缕纱线编织到一起，变成毛线

羊毛里的油脂可以收集起来做成护肤霜。
羊毛来自绵羊，羊绒来自山羊。
一年剪两次羊毛，春天一次，秋天一次。 ── 羊毛的知识

羊毛衣

动物纤维

衣物纤维
（纤维纺织成布，布做成衣服。）

石油来到炼油厂，经过化学反应，变成有芳香气味的无色透明液体。
透明液体到石化厂，变成白色的易燃晶体。
白色晶体到聚酯工厂，变成黏稠的熔体。
熔体在熔融状态下，通过管道输送到化纤工厂进行纺丝。
丝送到织造厂，织成布料。 ── 从石油到衣服

回收废旧塑料瓶，进行清洗和分类。
粉碎塑料，高温熔化后压成细丝。
把细丝聚成一股股的，加热拉伸，变成"白布"一样的东西。
把"白布"打碎，变成像羽绒一样的软毛。
把"软毛"送到织布厂，织成布。 ── 从塑料到衣服

化学纤维

化学纤维的名字：聚酯纤维、聚酰胺纤维等

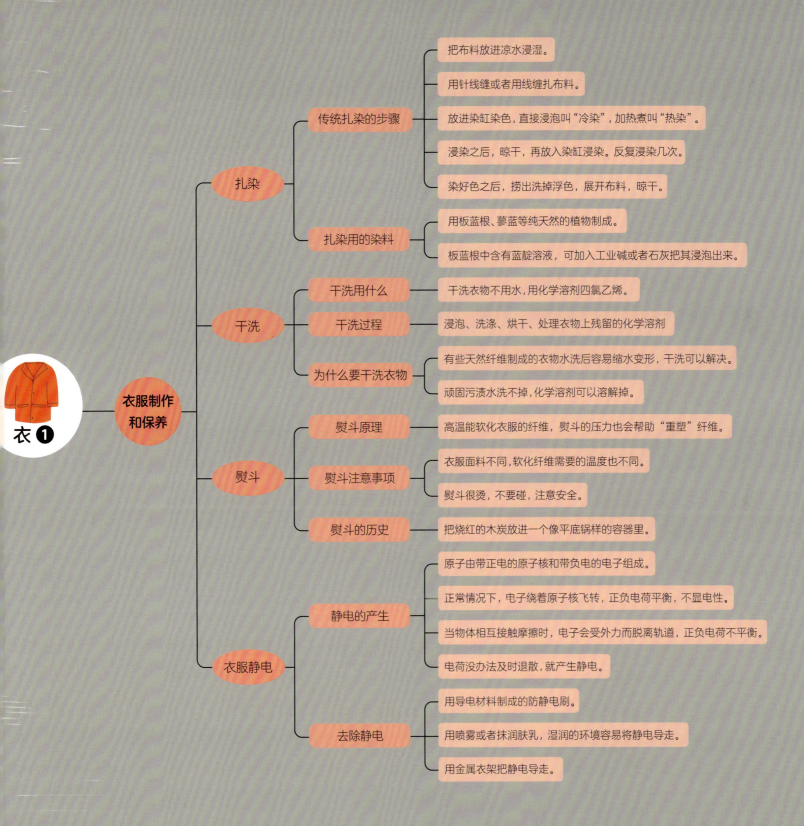

衣 ❶

衣服制作和保养

扎染
- 传统扎染的步骤
  - 把布料放进凉水浸湿。
  - 用针线缝或者用线缠扎布料。
  - 放进染缸染色，直接浸泡叫"冷染"，加热煮叫"热染"。
  - 浸染之后，晾干，再放入染缸浸染。反复浸染几次。
  - 染好色之后，捞出洗掉浮色，展开布料，晾干。
- 扎染用的染料
  - 用板蓝根、蓼蓝等纯天然的植物制成。
  - 板蓝根中含有蓝靛溶液，可加入工业碱或者石灰把其浸泡出来。

干洗
- 干洗用什么
  - 干洗衣物不用水，用化学溶剂四氯乙烯。
- 干洗过程
  - 浸泡、洗涤、烘干、处理衣物上残留的化学溶剂
- 为什么要干洗衣物
  - 有些天然纤维制成的衣物水洗后容易缩水变形，干洗可以解决。
  - 顽固污渍水洗不掉，化学溶剂可以溶解掉。

熨斗
- 熨斗原理
  - 高温能软化衣服的纤维，熨斗的压力也会帮助"重塑"纤维。
- 熨斗注意事项
  - 衣服面料不同，软化纤维需要的温度也不同。
  - 熨斗很烫，不要碰，注意安全。
- 熨斗的历史
  - 把烧红的木炭放进一个像平底锅样的容器里。

衣服静电
- 静电的产生
  - 原子由带正电的原子核和带负电的电子组成。
  - 正常情况下，电子绕着原子核飞转，正负电荷平衡，不显电性。
  - 当物体相互接触摩擦时，电子会受外力而脱离轨道，正负电荷不平衡。
  - 电荷没办法及时退散，就产生静电。
- 去除静电
  - 用导电材料制成的防静电刷。
  - 用喷雾或者抹润肤乳，湿润的环境容易将静电导走。
  - 用金属衣架把静电导走。

思维导图

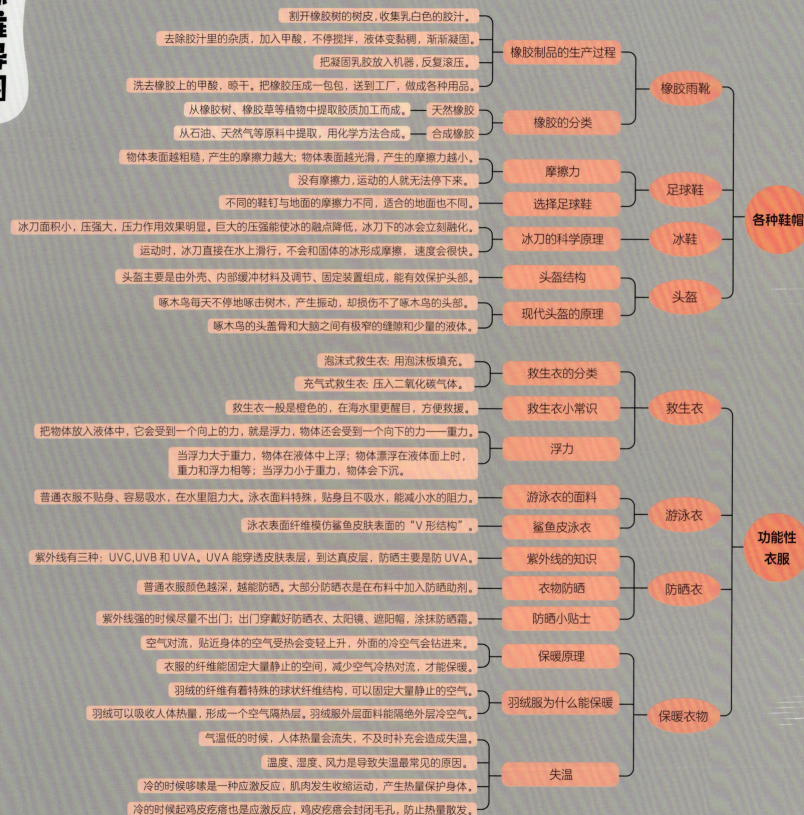

各种鞋帽

橡胶雨靴

橡胶制品的生产过程
- 割开橡胶树的树皮，收集乳白色的胶汁。
- 去除胶汁里的杂质，加入甲酸，不停搅拌，液体变黏稠，渐渐凝固。
- 把凝固乳胶放入机器，反复滚压。
- 洗去橡胶上的甲酸，晾干。把橡胶压成一包包，送到工厂，做成各种用品。

橡胶的分类
- 天然橡胶：从橡胶树、橡胶草等植物中提取胶质加工而成。
- 合成橡胶：从石油、天然气等原料中提取，用化学方法合成。

足球鞋

摩擦力
- 物体表面越粗糙，产生的摩擦力越大；物体表面越光滑，产生的摩擦力越小。
- 没有摩擦力，运动的人就无法停下来。

选择足球鞋
- 不同的鞋钉与地面的摩擦力不同，适合的地面也不同。

冰鞋

冰刀的科学原理
- 冰刀面积小，压强大，压力作用效果明显。巨大的压强能使冰的融点降低，冰刀下的冰会立刻融化。
- 运动时，冰刀直接在水上滑行，不会和固体的冰形成摩擦，速度会很快。

头盔

头盔结构
- 头盔主要是由外壳、内部缓冲材料及调节、固定装置组成，能有效保护头部。

现代头盔的原理
- 啄木鸟每天不停地啄击树木，产生振动，却损伤不了啄木鸟的头部。
- 啄木鸟的头盖骨和大脑之间有极窄的缝隙和少量的液体。

功能性衣服

救生衣

救生衣的分类
- 泡沫式救生衣：用泡沫板填充。
- 充气式救生衣：压入二氧化碳气体。

救生衣小常识
- 救生衣一般是橙色的，在海水里更醒目，方便救援。

浮力
- 把物体放入液体中，它会受到一个向上的力，就是浮力，物体还会受到一个向下的力——重力。
- 当浮力大于重力，物体在液体中上浮；物体漂浮在液体面上时，重力和浮力相等；当浮力小于重力，物体会下沉。

游泳衣

游泳衣的面料
- 普通衣服不贴身、容易吸水，在水里阻力大。泳衣面料特殊，贴身且不吸水，能减小水的阻力。

鲨鱼皮泳衣
- 泳衣表面纤维模仿鲨鱼皮肤表面的"V形结构"。

防晒衣

紫外线的知识
- 紫外线有三种：UVC、UVB和UVA。UVA能穿透皮肤表层，到达真皮层，防晒主要是防UVA。

衣物防晒
- 普通衣服颜色越深，越能防晒。大部分防晒衣是在布料中加入防晒助剂。

防晒小贴士
- 紫外线强的时候尽量不出门；出门穿戴好防晒衣、太阳镜、遮阳帽，涂抹防晒霜。

保暖衣物

保暖原理
- 空气对流，贴近身体的空气受热会变轻上升，外面的冷空气会钻进来。
- 衣服的纤维能固定大量静止的空间，减少空气冷热对流，才能保暖。

羽绒服为什么能保暖
- 羽绒的纤维有着特殊的球状纤维结构，可以固定大量静止的空气。
- 羽绒可以吸收人体热量，形成一个空气隔热层。羽绒服外层面料能隔绝外层冷空气。

失温
- 气温低的时候，人体热量会流失，不及时补充会造成失温。
- 温度、湿度、风力是导致失温最常见的原因。
- 冷的时候哆嗦是一种应激反应，肌肉发生收缩运动，产生热量保护身体。
- 冷的时候起鸡皮疙瘩也是应激反应，鸡皮疙瘩会封闭毛孔，防止热量散发。

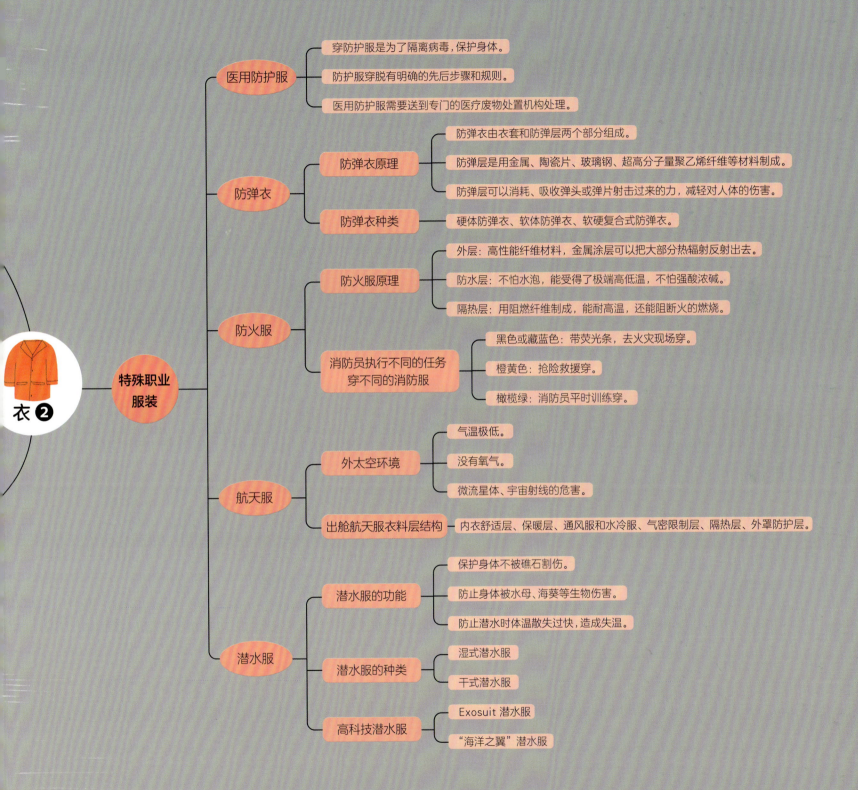

衣 ❷

特殊职业服装

- 医用防护服
  - 穿防护服是为了隔离病毒,保护身体。
  - 防护服穿脱有明确的先后步骤和规则。
  - 医用防护服需要送到专门的医疗废物处置机构处理。

- 防弹衣
  - 防弹衣原理
    - 防弹衣由衣套和防弹层两个部分组成。
    - 防弹层是用金属、陶瓷片、玻璃钢、超高分子量聚乙烯纤维等材料制成。
    - 防弹层可以消耗、吸收弹头或弹片射击过来的力,减轻对人体的伤害。
  - 防弹衣种类
    - 硬体防弹衣、软体防弹衣、软硬复合式防弹衣。

- 防火服
  - 防火服原理
    - 外层: 高性能纤维材料,金属涂层可以把大部分热辐射反射出去。
    - 防水层: 不怕水泡,能受得了极端高低温,不怕强酸浓碱。
    - 隔热层: 用阻燃纤维制成,能耐高温,还能阻断火的燃烧。
  - 消防员执行不同的任务穿不同的消防服
    - 黑色或藏蓝色: 带荧光条,去火灾现场穿。
    - 橙黄色: 抢险救援穿。
    - 橄榄绿: 消防员平时训练穿。

- 航天服
  - 外太空环境
    - 气温极低。
    - 没有氧气。
    - 微流星体、宇宙射线的危害。
  - 出舱航天服衣料层结构
    - 内衣舒适层、保暖层、通风服和水冷服、气密限制层、隔热层、外罩防护层。

- 潜水服
  - 潜水服的功能
    - 保护身体不被礁石割伤。
    - 防止身体被水母、海葵等生物伤害。
    - 防止潜水时体温散失过快,造成失温。
  - 潜水服的种类
    - 湿式潜水服
    - 干式潜水服
  - 高科技潜水服
    - Exosuit 潜水服
    - "海洋之翼" 潜水服

图书在版编目（ＣＩＰ）数据

藏在衣食住行里的科学 . 1, 衣 / 歪歪兔童书馆编绘 . -- 北京 : 海豚出版社 , 2023.4
ISBN 978-7-5110-6316-8

Ⅰ . ①藏… Ⅱ . ①歪… Ⅲ . ①科学知识 – 儿童读物 Ⅳ . ① Z228.1

中国国家版本馆 CIP 数据核字 (2023) 第 034088 号

藏在衣食住行里的科学 1
衣
歪歪兔童书馆　编绘

出 版 人：王　磊
总 策 划：宗　匠
监　　制：刘　舒
执行策划：熊丽霞　李　冉
撰　　文：陶秉政
绘　　画：索俏俏
装帧设计：玄元武　侯立新
责任编辑：杨文建　张国良
责任印制：于浩杰　蔡　丽
法律顾问：中咨律师事务所　殷斌律师

出　　版：海豚出版社
地　　址：北京市西城区百万庄大街 24 号　　邮　　编：100037
电　　话：（010）85164780（销售）　　（010）68996147（总编室）
传　　真：（010）68996147
印　　刷：北京博海升彩色印刷有限公司
开　　本：12 开（787 毫米 ×1092 毫米）
印　　张：18.67
字　　数：230 千
印　　数：10000
版　　次：2023 年 4 月第 1 版
印　　次：2023 年 4 月第 1 次印刷
标准书号：ISBN 978-7-5110-6316-8
定　　价：128.00 元（全 4 册）

买书更划算　　当当童书馆　　了解更多书　　海豚出版社
天猫扫一扫　　微信扫一扫　　抖音扫一扫　　微信扫一扫